COLLECTION
G. AROSA

FAIENCES & PORCELAINES

CATALOGUE

DES

FAÏENCES ANCIENNES

DES DIVERSES FABRIQUES

Italiennes, Hispano-mauresques, Espagnoles,
de Perse et de Rhodes, de Delft, de Nevers, de Rouen et autres.

PORCELAINES DE LA CHINE & DU JAPON

Pièces d'échantillons,

Composant la Collection de M. G. AROSA

ET DONT LA VENTE AURA LIEU

HOTEL DROUOT, SALLE N° 3

Les Jeudi 21, Vendredi 22 et Samedi 23 Février 1878,

A DEUX HEURES.

— ⟶≫≫✕≪≪⟵ —

Par le ministère de **Mᵉ Ch. PILLET**, Commissaire-Priseur,
10, rue de la Grange-Batelière ;

Assisté de **M. Ch. MANNHEIM**, Expert, 7, rue Saint-Georges.

Chez lesquels se trouve le présent Catalogue.

— ⟶≫≫✕≪≪⟵ —

Exposition Publique : le Mercredi 20 Février 1878,
De une heure et demie à cinq heures et demie.

CONDITIONS DE LA VENTE

Elle sera faite au comptant.

Les adjudicataires payeront *cinq pour cent* en sus des enchères.

L'exposition mettant le public à même de se rendre compte de l'état des objets, il ne sera admis aucune réclamation une fois l'adjudication prononcée.

ORDRE DES VACATIONS

Le jeudi 21 février 1878

Le vendredi 22 février 1878

Le samedi 23 février 1878

La Collection de Tableaux modernes
DE M. G. AROSA
SERA EXPOSÉE SALLE N° 8

les samedi 23 et dimanche 24 février 1878

ET VENDUE

le lundi 25 février 1878.

Paris. — Typ. PILLET et DUMOULIN, 5, rue des Grands-Augustins.

DÉSIGNATION DES OBJETS

FAÏENCES ITALIENNES

1 — Fabrique de Gubbio. — Petite coupe ronde à godrons saillants, décor à reflets métalliques mordorés
et rouge rubis à rayons et ornements. Au centre,
buste de femme profil à droite et banderole portant le
nom : LAURA B.

2 — Même fabrique. — Autre jolie coupe ronde à godrons saillants en spirales, à décor à reflets métalliques
bleu nacré et rouge rubis. Au centre, figure de personnage en relief posant le pied sur une tête de mort.

3 — Même fabrique. — Plaque rectangulaire en hauteur, représentant saint Jérôme en prière et en relief,
décor à reflets métalliques mordorés sur fond rehaussé
de bleu.

4 — Fabrique de Pesaro. — Plat rond décoré au fond
d'une figure de guerrier debout, et au marly d'imbri-
cations et de rinceaux alternés.

5 — Même fabrique. — Beau vase à deux anses en S à décor à reflets métalliques mordorés rehaussés de bleu. Il offre dans deux médaillons le nom de *Filice*.

6 — Même fabrique. — Deux vases analogues à celui qui précède mais plus petits.

7 — Même fabrique. — Coupe ronde à décor à reflets rouges et mordorés.

8 — Même fabrique. — Petit broc à une anse, à décor à reflets mordorés rehaussé de bleu à figure de saint personnage.

9 — Fabrique de Faënza. — Petit plat rond décoré au marly de rinceaux ornés, de cornes d'abondance et de têtes de chérubins en camaïeu bleu sur fond gros bleu et au centre d'une figure de saint personnage sur fond jaune.

10 — Fabrique de La Frata. — Petit plat rond décoré d'ornements gravés sous engobe et portant un écusson armorié.

11 — Même fabrique. — Flacon à long col et à deux anses à fleurs et ornements gravés sous engobe et rehaussés d'émail brun et vert.

12 — Fabrique de Deruta. — Petit plat rond et creux, décor à reflets métalliques bleu nacré et mordorés, à fleurs arabesques rehaussées de bleu.

13 — Même fabrique. — Coupe ronde sur piédouche, décor à reflets métalliques bleu nacré et mordorés rehaussé de bleu. Au centre, banderole portant le nom de : *Chamilla B.*, entourée d'ornements et de rayons.

14 — Même fabrique. — Plat rond décor à reflets métalliques rehaussé de bleu dit à queue de paon.

15 — Fabrique de Castel-Durante. —Deux pots de pharmacie décorés de trophées d'armes en ocre jaune sur fond bleu.

16 — Même fabrique. — Cornet, décor polychrome à queue de paon.

17 — Même fabrique. — Deux cornets à décor bleu sur fond bleuté ; animaux et fleurs.

18 — Même fabrique. — Deux cornets décorés de figures de saints personnages et d'ornements.

19 — Même fabrique. — Grand vase à deux anses, décor polychrome à buste et ornements.

20 — Même fabrique. — Deux cornets à décor bleu rehaussé de jaune à figures d'homme et d'animaux.

21 — Même fabrique. — Vase ovoïde, décoré de trophées d'armes sur fond bleu et de bustes d'hommes.

22 — Fabrique italienne. — Très-grand plat rond, décoré
d'un sujet de la Cène. Au fond, intérieur de monu-
ment et arceau à plein cintre portant une inscription
et la date 1598.

23 — Fabrique italienne. — Plat rond à décor bleu rehaussé de jaune; au centre, groupe de figures, dont un
cavalier, et couronne de fleurs au marli.

24 — Fabrique italienne. — Plat ovale à décor à reflets
rehaussés de bleu. Au centre, figure de cavalier en
costume romain; au marly, ornements, feuillages et
oiseaux.

25 — Fabrique de Venise (?). — Assiette rehaussée de
dorure, décorée de fleurs et portant au centre un écusson armorié soutenu par un lion héraldique.

26 — Fabrique de Castelli. — Vase en forme de bouteille,
décoré du sujet de saint Martin partageant son man-
teau.

27 — Plat rond en faïence des Abruzes, décoré d'un na-
vire.

28 — Plat rond en faïence de Venise, à médaillon de
paysage et marly à ornements en relief.

29 — Plateau rond à contours et sur pied bas, décor polychrome à figure au centre, et fleurs et ornements au
pourtour.

30 — Plaque ovale encadrée de feuillages en relief, décc-
rée en jaune sur fond bleu et offrant au centre un
écusson portant une gerbe de blé ainsi que deux cornes
d'abondance.

31 — Petite coupe ronde en faïence de Deruta, à décor à
reflets métalliques rehaussés de bleu.

32 — Quatre plats ovales à décors bleu variés, à figures,
fleurs et ornements.

33 — Deux plats ronds, l'un d'eux décoré d'une figure de
cavalier et l'autre d'un personnage portant un éten-
dard.

34 — Plat rond, décor polychrome à figure d'arquebusier
et ornements feuillagés.

35 — Plaque de forme cintrée en faïence de Castelli, décorée d'une figure de saint Nicolas.

36 — Petit plat en faïence de Trévise, décor polychrome à
fleurs et groupe de fruits.

37 — Assiette en faïence de Pesaro, décor polychrome à
figure, oiseau et arbustes.

38 — Plat rond à décor bleu, à sujet de chasse et bordure
de fleurs.

39 — Assiette en faïence de Milan, à décor polychrome de style chinois. Au centre, fleurs et oiseaux, et au marly, fleurs arabesques réservées en blanc sur fond rouge.

40 — Trois soucoupes en faïence de Castelli, décorées de paysages.

41 — Porte-œufs en faïence italienne, de forme hexagone à ornements gaufrés en relief au pourtour.

FAIENCES HISPANO-MAURESQUES

42 — Plat rond, à décor à reflets métalliques, à ornements feuillagés, et portant au centre l'écu de Léon encadré d'un filet blanc.

43 — Petit plat rond dont le marly offre des godrons en spirale ; décor de feuillages et d'ornements à reflets métalliques cuivreux, et écusson au centre portant une fleur de lis. Ce plat est rehaussé de trois filets bleus.

44 — Plat rond, à décor à reflets métalliques mordorés ; il est couvert de bandes d'ornements variés, et il porte au centre les armes de Sicile et d'Aragon.

45 — Bassin rond et creux, à décor à reflets métalliques mordorés, rehaussé de bleu ; il est couvert d'ornements feuillagés, et il porte au centre un écusson armorié.

46 — Plat rond, à arêtes et pois saillants, décoré d'ornements filigranés et portant au centre un écusson armorié avec dragon ailé, couronné et fleurs de lis, le
tout à reflets métalliques mordorés.

47 — Plat rond, à reflets métalliques, décor filigrané et
écusson au centre, aux armes d'Aragon.

48 — Plat rond, à godrons saillants au marly ; décor d'ornements à reflets métalliques mordorés, réhaussés de
filets bleus et portant au centre les armes de Léon.

49 — Plat rond, à ombilic et à feuillages gaufrés en relief ;
décor à reflets métalliques cuivreux.

50 — Beau plat rond, à arêtes et pois très-saillants, décor
filigrané à reflets métalliques et écusson aux armes de
Léon.

51 — Plat rond, décor à reflets métalliques cuivreux, na-
vire et feuilles.

52 — Plat rond, à ombilic saillant et feuillages en relief
au marly ; décor d'ornements à reflets métalliques
mordorés.

53 — Deux coupes rondes et profondes, décor à reflets métalliques et portant au fond une fleur de lis.

54 — Vase à panse ovoïde et à quatre anses, décor à reflets
métalliques cuivreux, à fleurs et oiseaux.

55 — Vase à ouverture large et à quatre anses, décor à
reflets métalliques mordorés, à fleurs et oiseaux.

56 — Cornet à décor d'ornements à reflets métalliques
mordorés, rehaussés de bleu.

57 ·— Vase à panse ovoïde et à quatre anses, décor à reflets
métalliques.

58-103 — Quarante-six plats hispano-arabes, à décors
variés à reflets métalliques ; quelques-uns à godrons
saillants. Ils seront vendus séparément.

104-107 — Seize petits plats ronds, à décors variés à reflets métalliques. Ce lot sera divisé.

108-109 — Neuf petites coupes à deux anses, à décor à reflets métalliques.

110 — Deux bénitiers à figures et ornements en relief, et
à décor à reflets métalliques.

111 — Plaque carrée, à figure de Vierge en relief et décor
à reflets.

FAIENCES ESPAGNOLES

112 — Fabrique de Triana. — Pot-attrappe, décor polychrome à fleurs, et col à jour, garni de têtes de chérubins en ronde bosse.

113 — Même fabrique. — Autre pot-attrape, décor polychrome à fleurs, col à jour et goulot formé d'une tête de chien.

114 — Même fabrique. — Pot à surprise, décor polychrome, à figures et fleurs. Il porte l'inscription suivante : *Biva.tu.real.galvo.bella.ninfa. ano de* 1779.

115 — Même fabrique. — Quatre cornets, décor bleu à figures et écussons armoriés.

116 — Même fabrique. — Deux autres, à décor bleu, paysages, oiseaux et animaux.

117 — Même fabrique. — Quatre autres cornets, à décor bleu.

118 — Même fabrique. — Vase à panse ovoïde et à deux anses formées de cariatides de femmes; décor polychrome, à fleurs, oiseaux et personnages.

119 — Même fabrique. — Flacon formé d'une figure de femme debout.

120 — Même fabrique.—Deux assiettes, décor polychrome, à fleurs.

121 — Même fabrique. — Plat rond, décor polychrome, à fleurs.

122 — Fabrique de Talavera. — Pot à anse, décor polychrome, à figure de chien et fleurs.

123 — Même fabrique. — Deux cornets, à décor bleu,
oiseaux et animaux dans des paysages.

124 — Fabrique de Séville. — Flacon carré, décor polychrome, à figures aux armes de l'Inquisition et portant
les noms de *Sebastian Moran y Ponze.*

125 — Même fabrique. — Flacon carré, décor polychrome,
à figures.

126 — Même fabrique. — Petit plat de décor analogue.

127 — Fabrique de Valence. — Pot à surprise, décoré
d'ornements en manganèse.

128 — Même fabrique. — Deux petites coupes longues à
anses, à décor dans le goût des faïences de Moustiers.

129 — Fabrique d'Aranda. — Deux daubières formées
chacune d'un groupe de deux beliers et de leurs petits
agneaux.

130 — Même fabrique. — Plateau rond, décoré d'un médaillon décor polychrome, à buste de femme et ornements bleus au pourtour.

131-132 — Fabrique de Talavera et autres. — Divers vases de formes et de décors variés. Ils seront vendus
séparément.

FAIENCES DE PERSE & DE RHODES

133 — Coupe ronde, sur piédouche, décorée de fleurs et
d'ornements émaillés en couleurs.

134 — Deux petits brocs à une anse, décorés de fleurs et de
feuillages.

135 — Vase porte-fleurs, à panse sphérique, à décor à
reflets métalliques cuivreux, à fleurs et ornements. Il
est garni en cuivre.

136 — Gourde à décor bleu, à fleurs et ornements, avec
goulot et couvercle en cuivre gravé à figures et étamé.

137 — Flacon plat, à figures et arbustes gaufrés en relief,
et émaillé vert émeraude.

138 — Petite corbeille de derviche à deux anses, têtes de
canards, décor bleu à fleurs et oiseaux.

139 — Corbeille analogue, mais plus petite.

140-169 — Trente plats en ancienne faïence de Rhodes,
à décors variés. Ils seront vendus séparément.

170-173 — Quinze petites coupes ou soucoupes rondes, à décors polychromes variés, quelques-unes à fond bleu clair. Ce lot sera divisé.

174 — Plaque de revêtement en hauteur, à caractères et oiseaux en relief et décor à reflets métalliques rehaussé de bleu.

175 — Deux petites plaques de revêtement en forme d'étoile, décor à reflets métalliques rehaussé de bleu, à fleurs et oiseau.

176 — Deux petites coupes rondes, décor polychrome, à fleurs et ornements.

177 — Flacon carré, décoré en bleu et rouge, à palmes, feuillages et fleurs arabesques.

178 — Flacon décoré de fleurs arabesques, à reflets métalliques cuivreux, sur fond bleu.

179 — Broc à ouverture large et à anse, à décor bleu sur blanc. Le goulot est en cuivre.

FAIENCES DE DELFT

180 — Jolie assiette en ancienne faïence de Delft, décor polychrome ; au centre, vase de fleurs et deux petits chinois assis ; au marly, fleurs et ornements.

181 — Assiette en ancienne faïence de Delft, décor polychrome ; au centre, une corbeille de fruits.

182 — Deux assiettes, décor polychrome ; fleurs au centre
et au marly.

183 — Assiette de Delft, décor bleu et rouge ; fleurs au
centre d'une rosace et ornements au bord.

184 — Assiette de Delft, décor polychrome ; au fond, une
pagode ; au bord, double zone d'ornements rouges.

185 — Assiette de Delft, décor polychrome ; au centre,
scène près d'un canal et lambrequins ornés au marly.

186 — Assiette de Delft, décor polychrome ; au centre,
jeune Chinoise dans un paysage et fleurs au marly.

187 — Assiette de Delft décorée de compartiments de
fleurs sur fond vert et d'une rosace au centre.

188 — Assiette de Delft, décor polychrome ; au centre,
coq et corbeille de fleurs ; au marly, compartiments de
fleurs sur fond vert.

189 — Assiette de Delft, à décor bleu et rouge ; au centre,
cornet de fleurs et oiseaux ; au bord, lambrequins
ornés.

190 — Broc à anse, à double torsade, décor bleu et manganèse, à médaillons de paysages de style chinois.

191 — Garniture de cinq pièces, potiche et cornets à côtes,
à décor de fleurs et ornements en camaïeu bleu.

192 — Deux cornets en forme de balustre, décor bleu à
figures et fleurs.

193 — Tasse haute, décor polychrome à fleurs.

194 — Très-belle et grande plaque ovale, en hauteur, décor polychrome ; au centre, groupe de trois jeunes Chi-
noises dans un paysage ; au bord, fleurs sur fond
noir.

195 — Joli plat rond, à décor de style japonais, en bleu,
rouge et or, à figures, kiosques et attributs.

196 — Belle plaque de forme ovale, à contours et en hauteur, décor polychrome ; au centre, groupe de trois
vases sur un riche lambrequin ; au bord, couronne de
fleurs sur fond bleu.

197 — Assiette à décor bleu, rouge et or ; au centre, vase
de fleurs et oiseaux ; au marly, lambrequins ornés.

198 — Assiette, décor polychrome, à fleurs au marly, et
vase de fleurs et oiseaux au centre.

199 — Petite plaque à contours, décor de fleurs et ornements en couleurs et offrant au centre un paysage en
camaïeu bleu.

200 — Petite plaque à figure de Vierge et encadrements de
de fleurs et mascarons en relief, décor polychrome.

201 — Deux tirelires en forme de vase, à décor bleu.

202-206 — Trente-quatre assiettes en ancienne faïence de
Delft, à décors polychromes variés. Ce lot sera divisé.

207 — Cinq figurines de musiciens en ancienne faïence
de Delft, décor polychrome.

208 — Deux cavaliers en faïence de Delft. Décor polychrome.

209 — Broc, formé d'un personnage à califourchon sur
un tonneau, décor polychrome.

210 — Plat rond, décor polychrome à figure au centre et
fleurs au marly.

211 — Autre plat rond, décor polychrome décoré de
fleurs.

212 — Deux plats ronds décorés de paysages en camaïeu
bleu.

213 — Plaque carrée, décorée de deux figures vues à mi-
corps, dans le goût de Watteau.

214 — Plaque de forme contournée simulant une horloge à figures d'amour, décor polychrome.

215 — Trois grands plats ronds à décor bleu, paysages avec figures.

216 — Plat rond, décor polychrome; au centre, vase de fleurs; au marly, lambrequins ornés et feuillages.

217 — Plaque oblongue à angles rentrants et arrondis, décor polychrome de style chinois à fleurs et oiseau au centre et feuilles au bord sur fond noir.

218 — Petite plaque oblongue à décor bleu, oiseaux au centre et ornements formant bordure.

219 — Tableau de forme contournée à décor bleu représentant un sujet des Contes de La Fontaine : le Gascon.

220 — Plat rond, décor bleu à figures de joueurs.

221 — Petite plaque de forme contournée à décor bleu, paysage.

222 — Deux plats ronds à décor bleu, l'un à paysage, l'autre avec moulin.

223 — Plaque de forme contournée à encadrement rocaille rehaussé de couleurs variées et offrant au centre un paysage avec figures en camaïeu bleu.

224 — Autre jolie plaque de forme contournée à décor polychrome de style chinois à figure de femme et fleurs.

225 — Plat rond à décor en bleu, rouge et or, paysage avec figures.

226 — Assiette à décor en bleu, rouge et or, vase de fleurs et ornements.

227 — Bol rond, décor polychrome à fleurs.

228 — Deux vases en forme de gourde à décor bleu.

229 — Potiche à couvercle et à pans à décor bleu.

230 — Vase ovoïde à lambrequins bleus très-riches,

FAIENCES DE NEVERS

231 — Petit vase de forme sphérique en ancienne faïence de Nevers, décoré de fleurs et d'oiseaux émaillés blanc et jaune sur fond bleu de Perse.

232 — Petit vase à ouverture large, decoré d'ornements blancs et jaunes sur fond bleu de Perse.

233 — Petit vase en forme de balustre, décoré de sujets chinois en bleu et manganèse.

234 — Très-grand plat rond à riche décor bleu rehaussé de manganèse; au centre, scène de bacchanale; au marly, couronne de fleurs.

235 — Plat rond, décor polychrome ; au centre, sujet familier avec costumes du temps de Louis XIV et rinceaux au marly.

236 — Gourde de forme aplatie, décor bleu et manganèse à figures, fleurs et quadrillages.

237 — Grand vase à deux anses torses et à couvercle, décor polychrome à figures et ornements.

238 — Petit vase forme gourde, décor bleu et jaune à figure de saint Jacques et inscription.

239 — Très-grand plat rond à décor bleu de style chinois, à figures dans un paysage.

240 — Autre plat rond à décor bleu, paysage et figures.

FAIENCES DE ROUEN

241 — Joli petit plat ovale à contours et à deux anses, décor polychrome à la corne.

242 — Deux petits plats ronds à contours, décor polychrome au carquois.

243 — Broc à anse ou pichet à cidre, décor polychrome à ornements feuillagés et paysage. Il porte le nom de François-Philippe et la date de 1759.

244 — Cache-pot de forme cylindrique, à deux anses, décor d'ornements en bleu et rouille.

245 — Cache-pot de même forme sans anses, décor polychrome à sujets chinois.

246 — Assiette à bords festonnés, décor polychrome à fleurs et jonque chinoise.

247 — Assiette, décor polychrome à fleurs et oiseaux.

248-250 — Quatorze assiettes en faïence de Rouen, décor polychrome, à figures et sujets religieux. Quelques-unes d'entre elles portent des inscriptions et des dates. Ce lot sera divisé.

251 — Trois assiettes décorées de sujets analogues, mais en camaïeu bleu.

252 — Compotier à pans, en ancienne faïence de Sinceny, décor polychrome ; au centre, pagode chinoise, bordure de fleurs et quadrillages au bord.

253 — Encrier en faïence de Sinceny, décor polychrome à fleurs.

254 — Broc à une anse à décor bleu, rouille et jaune, à figures d'amours, ornements et fleurs.

255 — Deux petits vases à panse ovoïde à décor d'ornements en bleu et rouille.

256 — Deux petits lions assis tenant chacun un écusson, décor bleu, rouge et jaune.

257 — Petite soupière de forme oblongue à couvercle, décor polychrome à la corne.

258 — Grand plat rond à décor bleu, figure de cavalier entouré d'ornements au centre et ornements au pourtour.

259 — Autre plat rond à décor bleu, rosace au centre, ornements au marly.

260 — Quatre assiettes, décor à la corne.

261 — Petit plat de même décor.

262 — Plateau rond à deux anses, décor polychrome à vases et attributs de style chinois.

263 — Deux plats oblongs à angles coupés, en faïence de Sinceny, décor polychrome à fleurs et corbeilles.

264 — Plateau oblong à deux anses, décor bleu et rouille à corbeille de fleurs au centre et fleurs et ornements au bord.

265 — Plateau oblong à contours, en ancienne faïence de Sinceny, décor polychrome de style chinois. Au centre, kiosque et arbustes, au pourtour fleurs et ornements.

266 — Saladier à décor polychrome dit à la corne.

267 — Assiette, décor polychrome, cornet de fleurs et in-
secles.

268 — Plat rond, décor polychrome à la corne.

FAIENCES DIVERSES

269-287 — Cent dix-huit assiettes en faïence, décorées de
sujets variés du temps de la Révolution française. Elles
seront vendues par lots

288 — Plat rond, offrant au centre les armes de France,
surmontées de la couronne royale.

289 — Coupe ronde et creuse, de même décor.

290 — Deux plats ronds, décor polychrome, offrant chacun une figure de cavalier du temps de l'Empire ; sur
l'un un gendarme, sur l'autre un hussard.

291 — Deux plats ronds à décor bleu ; jeune femme vue à
mi-corps, et cavalier au galop.

292 — Petit plat rond, décor polychrome à paysage et
figures.

293-298 — Trente-sept assiettes en faïence anglaise ou hollandaise, décorées de sujets variés en couleurs. On remarquera dans ce nombre une série de six assiettes représentant des sujets tirés de l'Enfant prodigue. Ce lot sera divisé.

299 — La Vierge debout, portant l'enfant Jésus ; groupe en faïence, décor polychrome.

300 — Gueux à anse droite en faïence, décor polychrome à figures et fleurs. Il porte l'inscription suivante : *Tempremon, 1761 à Anne Françoise.*

301 — Deux porte-huiliers en faïence de Strasbourg, à décor polychrome à fleurs.

302 — Deux brocs à couvercles en étain, décor polychrome à figures.

303 — Petite pièce de surtout supportée par quatre cariatides et des dauphins debout, à décor en camaïeu bleu.

304 — Plat ovale à contours en ancienne faïence de Moustiers, décor polychrome à festons de fleurs au bord, et offrant au centre, dans un médaillon, la figure d'Orphée charmant les animaux.

305 — Plat rond à décor bleu, dans le style de Bérain (Moustiers).

306 — Jardinière-applique, en faïence de Marseille. décorée de fleurs en camaïeu vert.

307 — Deux cruches à anse et goulot en faïence turque ; l'une à fond brun clair et décor jaune, l'autre à fond blanc et décor vert.

308-311 — Quatre plaques rectangulaires, décor polychrome à figures d'Orientaux, et groupe de joueurs dans le style de Teniers, avec ornements à moulures et ornements en relief.

312 — Encrier à ornements rocaille découpés, et surmonté d'un groupe en ronde-bosse, décor polychrome.

313 — Porte-huilier en faïence du Midi, décor polychrome.

314 — Encrier en faïence d'Avignon, émaillée brun, et fleurettes en relief réservées en blanc et en vert.

315 — Deux vases porte-fleurs en faïence anglaise, à festons de fleurs en relief émaillés vert.

316 — Petite cruche en grès émaillé bleu, violet et gris, à panse sphérique et étoile découpée à jour.

317 — Gourde en grès émaillé bleu, à armoiries et sujet de chasse en relief.

318 — Deux lions couchés, décor polychrome.

319 — Lion assis, tenant un écusson, décor en camaïeu bleu.

320 — Jardinière oblongue, en faïence de Lorraine, décor polychrome à corbeille et festons de fleurs.

321 — Deux assiettes en faïence allemande, à décor imitant les émaux de la famille verte, à fleurs et oiseaux.

322 — Plat rond de même décor.

3 3 — Assiette en faïence de Moustiers, décor polychrome; au fond, la Vierge debout, portant l'enfant Jésus dans un paysage. Sur une banderole, le nom : *Moustiers*.

324 — Petit plat ovale à contours, décor polychrome à fleurs et oiseaux, faïence de Moustiers.

325 — Plat rond à décor bleu rayonnant, offrant au milieu d'ornements des figures debout.

326 — Plat rond et creux, en ancienne faïence de Saint-Cloud (?) à décor bleu, rehaussé de noir. Au centre, un maçon entouré de ses divers outils ; au pourtour, des corbeilles de fleurs et des ornements.

327 — Autre plat creux de même faïence, portant le nom de : *Louise Louet*, 1718, et décoré en bleu, rouge et noir d'ornements au pourtour, et d'une figure de vigneron entouré de ses ustensiles, au centre.

328 — Autre plat rond et creux, en ancienne faïence de
Saint-Cloud, décoré en bleu et noir, ornements et lambrequins dans le goût de Berain. Il porte les noms de :
*Veuve La Mostre, A. Lapostre de Saint-Leu, Læ Se-
ren, 1719.*

329 — Jolie assiette en ancienne faïence de Moustiers,
décor polychrome ; au centre, dans un médaillon, le
Triomphe d'Amphitrite ; au pourtour, des festons de
fleurs.

330 — Assiette de même faïence, décor violacé, à figures
dans le style de Callot.

331 — Porte-pipes à couvercle, en faïence de Saint-
Cloud (?) à décor bleu et filets noirs, à lambrequins et
rosaces.

PORCELAINES DE CHINE

332 — Plat rond, en ancienne porcelaine de Chine, décoré
en émaux de la famille rose, sujet familier au centre,
avec personnages costumés à l'européenne ; lambrequins à fleurs et attributs au marly.

333 — Plat rond et creux, en vieux Chine, à décors en
émaux de la famille rose. Au fond, sujet familier dans
un paysage ; médaillons au marly, avec entre-deux de
fleurs sur fond rose.

334 — Plat rond, en vieux Chine, décoré au centre de
vases de fleurs ; au marly, compartiments de fleurs,
avec entre-deux d'ornements sur fond bleu à mille
raies.

335 — Plat rond, en vieux Chine, décoré de fleurs en
émaux de la famille rose.

336 — Deux jolis plats de forme octogone, en ancienne
porcelaine de Chine, décorés en émaux de la famille
verte, à fleurs et oiseaux.

337 — Grand plat rond sans bord, en vieux Chine, décoré
en émaux de la famille verte, à fleurs et ornements.
Bordure à compartiments de fleurs et oiseaux.

338 — Plat rond sans bord, en ancienne porcelaine de
Chine, décoré en émaux de la famille verte ; au fond,
Réception impériale dans un parc ; bordure d'attributs
avec entre-deux à rosaces.

339 — Petit plat rond, en ancienne porcelaine de Chine,
décoré en émaux de la famille verte, à fleurs et oiseaux
au centre, et bordure de fleurs sur fond vert.

340 - Deux petits plats ronds en vieux Chine, décorés au
centre de vases de fleurs, et au marly de compartiments de fong-hangs, avec entre-deux de fleurs sur
fond bleu.

341 — Plat ovale à contours, en vieux Chine, décoré de
larges feuilles, de fleurs et d'un oiseau, le tout émaillé
en couleurs.

342 — Deux petits plats ronds, à bords festonnés, décorés
de fleurs et d'oiseaux, et rehaussés d'or.

343 — Deux plats ronds à bords festonnés, en vieux Chine,
décorés d'un paysage avec cours d'eau au centre, et de
fleurs au marly.

344 — Plat rond en vieux Chine, décoré de fleurs au
centre en émaux de la famille rose, et de fleurs de pê-
cher sur fond filigrané de brun au marly.

345 — Plat rond en vieux Chine, décoré au centre et au
marly de fleurs en émaux de la famille rose.

346 — Petit plat rond en vieux Chine, décoré au centre
d'un médaillon à angles coupés renfermant divers attributs, et au marly de fleurs et d'une bordure à fond
jaune.

347 — Deux jolis compotiers ronds en ancienne porcelaine de Chine, décorés en émaux de la famille verte ;
à compartiments de fleurs, paysages et attributs au
bord, et offrant au centre les armes de la ville de
Zutphen.

348 — Deux jolis compotiers analogues à ceux qui précèdent. Ceux-ci offrent à leur centre une corbeille de fleurs.

349 — Trois compotiers en vieux Chine, décorés en émaux de la famille verte à chimère et fong-hangs au centre, et à compartiments de fleurs au bord.

350 — Petit plat rond en vieux Chine, décoré en émaux de la famille rose ; au centre, jeune femme dans un paysage, accompagnée d'un enfant et suivie d'un cerf. Fleurs au marly.

351 — Plat rond en vieux Chine, décoré en émaux de la famille rose ; au centre, groupe de pêcheurs et figure de femme avec enfants. Fleurs au marly.

352 — Plat rond à bord plissé en ancienne porcelaine de Chine, décoré de fleurs en émaux de la famille rose.

353 — Plat rond en ancienne porcelaine de l'Inde, décor polychrome ; au centre, sujet familier ; au marly, compartiments de paysages sur fond filigrané d'or.

354 — Compotier rond en vieux Chine, décoré en émaux de la famille verte. Rosace au centre entourée de feuillages et bordure de fleurs sur fond vert.

355 — Compotier en vieux Chine, décor polychrome à figure de cavalier et fleurs.

356 — Plat rond en ancienne porcelaine de Chine, décoré en émaux de la famille rose ; au centre, fleurs et canards, au marly, lambrequins, orn's de fleurs.

357 — Plat rond en vieux Chine, décoré en émaux de la famille verte. Au centre, trois vases de fleurs, au marly, compartiments décorés d'animaux et de fleurs.

358 — Petit plat octogone en vieux Chine, décoré en émaux de la famille verte, à fleurs et oiseaux au centre, et à fleurs sur fond vert au marly.

359 — Deux compotiers ronds en vieux Chine, décorés de volatiles et de fleurs émaillés en couleurs. Bordure de fleurs et d'ornements.

360 — Petit plat rond en vieux Chine, décoré en émaux de la famille verte ; au centre, larges fleurs arabesques ; au marly, ornements sur fond vert.

361 — Assiette en vieux Chine, famille rose ; sujet tiré d'un roman.

362 — Assiette en vieux Chine, famille rose ; au centre, deux figures d'enfants ; au marly, fleurs et ornements.

363 — Deux assiettes en vieux Chine, famille rose ; au centre, femme et cerf dans un paysage ; fleurs et ornements au marly.

364 — Deux assiettes en vieux Chine, famille rose; au
centre, sujet familier avec personnages costumés à
l'européenne; ornements et attributs sur fond rose au
marly.

365 — Assiette octogone et à contours en vieux Chine,
famille verte, décorée d'attributs au centre, et de fleurs
et d'ornements au marly.

366 — Assiette en vieux Chine, décorée au centre d'un
sujet de personnages dans un paysage : jeune femme
et singe.

367 — Assiette en vieux Chine, décor dit aux poissons.

368-373 — Trente-quatre assiettes en vieux Chine à décors
variés en émaux de la famille verte. Ce lot sera divisé.

374 — Deux assiettes en vieux Chine, famille rose; fleurs
et vases au centre ; ornements et fleurs au marly.

375 — Six assiettes en vieux Chine; au centre, un dan-
seur ; au marly, ornements rouge et or.

376 — Six compotiers en vieux Chine à décors variés, dont
deux à sujets de style européen.

377-381 — Vingt-trois assiettes et un compotier en ancienne porcelaine de Chine, à décor en grisaille et or
représentant des sujets religieux et profanes de style
européen. Ce lot sera divisé.

382 — Deux compotiers à pans en vieux Chine, à décors variés.

383 — Plat rond, décoré de fleurs en émaux de la famille rose.

384-385 — Quinze assiettes en vieux Chine à décors variés.

386-387 — Sept compotiers en vieux Chine à décors variés.

388-390 — Sept plats en vieux Chine à décor en émaux de la famille verte et de la famille rose. Ce lot sera divisé.

391 — Quatre plats à décor en camaïeu bleu.

392 — Petite jardinière à deux anses en ancienne porcelaine de Chine, famille verte, décorée de fleurs et de lambrequins ornés.

393 — Deux bols en ancienne porcelaine de Chine, famille rose à médaillons de fleurs et volatiles sur fond noir et rehaussés de fleurs émaillées en couleurs.

394 — Vase forme potiche en vieux Chine, décoré en émaux de la famille verte, jeux d'enfants dans un paysage.

395 — Petite potiche en vieux Chine, famille verte, décor
de fleurs et d'ornements.

396 — Deux petits vases cylindriques en porcelaine craquelée de la Chine.

397 — Deux vases en forme de bouteille en porcelaine
craquelée gris de la Chine décorés de figures émaillées
en couleurs.

398 — Groupe en ancien blanc de Chine ; divinité assise
tenant un enfant sur ses genoux. Deux autres enfants
debout sont à ses pieds.

399 — Animal assis en terre émaillée de la Chine jaspée
de brun et de gris.

400 — Deux coupes rondes sur piédouches bas en ancienne
porcelaine de Chine, décorées de figures et de fleurs.

401 — Deux petits vases en forme de balustre allongé à
deux anses en vieux Chine, décor bleu à figures et
fleurs.

402 — Deux petites chimères assises en ancien blanc de
Chine.

403 — Deux vases en ancienne porcelaine de Chine en
forme de bouteille, décorés de fleurs et d'ornements
émaillés rouge, vert et jaune.

404 — Vase de même forme et de même porcelaine, décoré de figures et de fleurs.

405 — Bol en ancienne porcelaine de Chine, décor dit à mandarins.

PORCELAINES DE CHINE (Échantillons)

406 — Soucoupe en ancienne porcelaine mince de la Chine, décorée en émaux de la famille rose, à sujet familier au centre et double bordure d'ornements sur fond bleu et rose.

407 — Deux autres soucoupes en vieux Chine, décorées de compartiments de fleurs et de rosaces sur fond rose.

408 — Deux petites soucoupes en vieux Chine, décorées de médaillons d'oiseaux et d'animaux sur fond semé de fleurs.

409 — Soucoupe en vieux Chine à décor très-soigné; écusson armorié au centre et bordure de fleurs et d'ornements.

410 — Deux soucoupes en vieux Chine à décor en émaux de la famille rose ; l'une est décorée de fleurs, l'autre d'attributs au centre et de fleurs au bord.

411 — Trois soucoupes en vieux Chine dont deux décorées
de figures costumées à l'européenne et la troisième de
volatiles en rouge de fer et or.

412-414 — Dix soucoupes en vieux Chine à décors variés,
quelques-unes à sujets de style européen.

PORCELAINES DU JAPON

415 — Plat rond en ancienne porcelaine du Japon à décor
en bleu, rouge et or ; il offre au centre une large
pivoine et au pourtour trois groupes de fleurs.

416 — Deux plats ronds en vieux Japon décorés en bleu,
rouge et or ; au centre, bouquet de fleurs dans un
cornet, au marly, trois groupes de fleurs prenant nais-
sance sur des rochers.

417 — Compotier en vieux Japon à décor bleu, rouge et
or, à fleurs et ornements et médaillon au centre.

418 — Quatre assiettes en vieux Japon à décors variés.

419 — Plat rond en vieux Japon à décor en bleu, rouge
et or.

420 — Plat rond en vieux Japon à décor en bleu, rouge
et or.

421 — Deux compotiers décorés chacun d'une carpe en
bleu.

422 — Deux petits plats et un compotier à décors variés
en bleu, rouge et or.

423 — Deux petites potiches à couvercles en ancienne porcelaine du Japon réticulées à jour et décorées en bleu,
rouge et or, à fleurs, ornements et oiseaux.

424 — Potiche en vieux Japon à décor de fleurs et d'ornements en bleu, rouge et or.

425 — Grand bol à couvercle en porcelaine du Japon à
décor bleu. Cette pièce a été surdécorée.

426 — Fontaine ou cafetière japonaise à oiseaux et arbustes en relief, décor polychrome. Elle est supportée par
trois personnages debout.

PORCELAINES DIVERSES

427 — Soupière à deux anses en ancienne porcelaine de
Saxe à bords gaufrés et décor de fleurs.

428 — Encrier formé d'un plateau et deux godets carrés en
ancienne porcelaine de Saxe, décorés de fleurs et de
fruits.

429 — Deux jardinières-appliques de forme cintrée en ancienne porcelaine de Kronenburg à décor de fleurs encadrées d'ornements en relief.

430 — Compotier rond en vieux Sèvres, pâte tendre, gaufré à côtes et décoré de fleurs.

431 — Coupe ronde en porcelaine tendre fond bleu turquoise décoré d'oiseaux, de fleurs et de fruits et montée en bronze doré.

432 — Saladier de décor analogue, mais non monté.

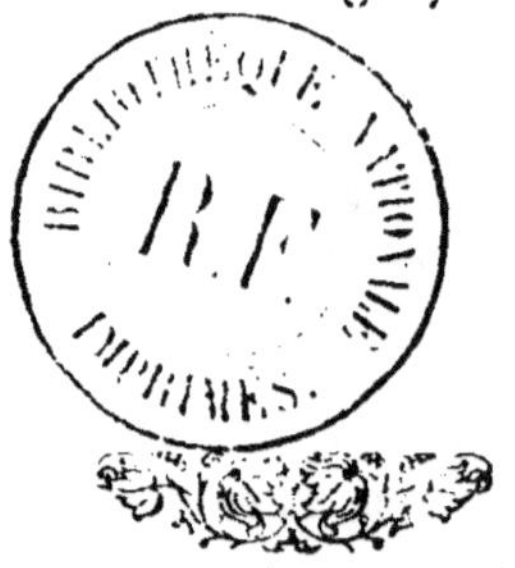